うれしい
お料理デビュー！

包丁を使わないで作る
ごはん

著 寺西 恵里子
Eriko Teranishi

ひとりでできる! For Kids!!
包丁を使わないで作る ごはん

うれしい お料理デビュー!

- P.4 はじめに
- P.5 作りはじめる前に

火を使わないで!

- P.12 ひらひらサラダ
- P.14 たたききゅうり
- P.16 冷凍バナナのスムージー
- P.18 韓国風サラダ

電子レンジを使って!

- P.22 アクアパッツァ
- P.24 ミートソーススパゲティ
- P.26 茶碗蒸し
- P.28 レンジ豚もやし
- P.30 いか焼き

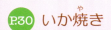

炊飯器を使って！

- P.34 ドレッシングご飯
- P.36 ベーコンチーズのちぎりパン
- P.38 肉団子ポトフ
- P.40 炊飯器餅

オーブン、オーブントースターを使って！

- P.44 ポテトコロッケ
- P.46 パンキッシュ
- P.48 魚のホイル焼き
- P.50 えびフライ
- P.52 焼き春巻き

包丁を使わないで作るスイーツ

- P.56 チョコパイタワー
- P.58 里いもアイス
- P.60 カステラロリーポップ
- P.62 カラフルゼリー

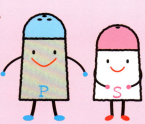

はじめに

お料理好き集まれ!!
作ったことないけど、やってみたい!
そう思ったらはじめましょう。

包丁を使っていないので
はじめてでも大丈夫!
お料理デビューしましょう!

電子レンジや炊飯器や
オーブントースターを使えば
思いがけなく簡単に
おいしい料理が作れます。

楽しんで作ることが、
おいしくなる一番のコツです。

おいしくできたら、次はお友だちを呼んで
お料理パーティーしてくださいね!

作りはじめる前に

大人の人といっしょに作りましょう！

電子レンジを使ったり、オーブントースターを使ったりするので、
必ず大人の人といっしょにやりましょう。

⭐1 作る前に作り方を読んでおきましょう！

全体がわかっていた方が、
スムーズに作れます。

⭐2 材料、用具はそろえてからはじめましょう！

途中で取りにいっている間に、
状態が変化することもあるので、
必ずそろえましょう。

⭐3 手を洗ってからはじめましょう！

作り始める前に、必ず手
を洗いましょう。

⭐4 計量はきちんと正確にしましょう！

正確でないと味が違ってきます。
計量もはじめにすませておきます。

⭐5 後かたづけはしっかりしましょう！

最後まできちっと終わらせるのが、
料理作りのルールです。

下準備が
キチンとできると
安心だね！

包丁を使わないで切る方法

包丁を使わなくても、材料は切れます。
いろいろな方法があるので、紹介します。
料理に合わせて、やってみましょう！

包丁がなくても大丈夫だね。

● 手で…

| ちぎる | へたを取る | 皮をむく | 小さくする |

サラダは手だけでもできるので、作ってみましょう！

用具は何もいらないね。

● たたいて…

たたくと味がしみ込みやすいからおいしくなるんだ！

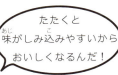

麺棒でたたいてもおいしくできます。

● ピーラーで…

皮をむく

薄く切る

「きれいにできるね。」

ピーラーで切るだけでもきれいなサラダもできます。

● はさみで…

いらないところを切る

長さに切る

細かく切る

乱切り

鶏肉も

いかも

バナナも

キッチンばさみがあれば、できるものが増えます。

「キッチンばさみは便利だね！」

● へらで切る…

● 型で切る…

● おろす…

● ミキサーで…

柔らかいものは切れます。

もとの形はなくなります。

用具いろいろ

作るためにはいろいろな用具が必要です。
代用できるものがあれば、それでもかまいません。

用具の名前も覚えましょう！

ピーラー

キッチンばさみ

抜き型

ボウル

量る用具

すくう、つかむ、混ぜる用具

ざる

耐熱容器

フライ返し

へら

すりおろし器

麺棒

はけ

じょうご

レンジスパゲティ用耐熱容器

ミキサー

ラップ・アルミホイル・キッチンペーパー

牛乳パック・ペットボトル

For Kids!! 9

火を使わないで！

火も包丁も使わなくても
おいしい料理が簡単にできます。
楽しく作れるものばかりです。

ここからチャレンジしてみましょう！

P.12 ひらひらサラダ

ピーラーで切るときれいだね！

副菜もセットでチャレンジしてみましょう！

P.14 たたききゅうり

P.16 冷凍バナナのスムージー

手でちぎったり、キッチンばさみで切ったり、切る方法もいろいろです。

ミキサーを使うので簡単に作れます。

P.18 韓国風サラダ

For Kids!! 11

ひらひらサラダ

ピーラーで切っただけの
ひらひらきれいなサラダです！
ドレッシングも
ペットボトルで作ります。

できたてドレッシングをかけます！

◎ さあ、作りましょう！

材料

4人分

にんじん	1/2本	[フレンチドレッシング]	
きゅうり	2本	酢	大さじ3
大根	1/8本	サラダ油	大さじ6
ブロッコリースプラウト	1パック	塩・コショウ	少々
サラダ菜	適量		

用具

- ピーラー
- キッチンばさみ
- 計量スプーン
- ボウル(大・小)
- トング　じょうご
- ペットボトル(500ml)

作り方

1

にんじん、大根はピーラーで皮をむきます。

2

ピーラーで薄く切ります。

3

きゅうり、大根も同じように薄く切ります。

4

ブロッコリースプラウトは根元をキッチンばさみで切ります。

5

ボウル(大)に❸を入れ、❹を入れて合わせます。

6

器にサラダ菜を入れ、❺を入れます。

ドレッシングを作ります

7

ペットボトルにドレッシングの材料を入れます。

8

ふたを閉め、よく混ざるまでふります。

「ピーラーで切るのって楽しいね！」

たたききゅうり

きゅうりはたたくだけで
おいしい食感に！
中華ドレッシングがよく合います。

たたきすぎないのがポイントです。

たたくと切ったのと味が違うから、不思議だね。

さあ、作りましょう！

材料

4人分

[たたききゅうり]
きゅうり	2本
中華ドレッシング	大さじ2
白ごま	大さじ1/2

[茶めしおにぎり]
米	2合
なめたけ(びん詰め)	1びん
しょうゆ、みりん	各小さじ1
焼きのり	2枚

用具

キッチンばさみ
まな板　麺棒
計量スプーン
計量カップ　ざる
ボウル(中)　スプーン
しゃもじ　炊飯器
牛乳パック　ラップ

作り方

1

きゅうりはへたをキッチンばさみで取ります。

2

まな板の上できゅうりが割れるまで麺棒でたたき、手で食べやすい大きさにし、ボウルに入れます。

3

❷にドレッシングをかけ、白ごまを入れて混ぜます。

4

米は洗って炊飯器に入れます。

5

しょうゆ、みりんを入れ、普通の水加減の目盛りに合わせて水を入れます。

6

なめたけを入れて混ぜ、炊飯器の白米の普通炊きスイッチを入れて炊きます。

7 熱いので気をつけて!!

2.5cm幅に切った牛乳パックを三角にし、ラップ、ご飯をのせます。

8

ラップ、牛乳パックで包み、三角ににぎります。

9

焼きのりは1枚を3等分に切り、❽に巻きます。

冷凍バナナのスムージー

バナナを凍らせて
フルーツやヨーグルトを入れるだけ！
毎朝飲みたい栄養たっぷりの
スムージーができます。

さあ、作りましょう！

材料

4人分

[オレンジスムージー]
オレンジ　1個

[ぶどうスムージー]
種なしぶどう　100g

[グリーンスムージー]
ほうれん草　1株
種なしぶどう　50g

[共通]
バナナ　各1本
ヨーグルト　各120ml

用具

キッチンばさみ
はかり
計量カップ
ミキサー
ラップ

作り方

1　オレンジスムージー

バナナは皮をむき、キッチンばさみで1cm幅に切ります。

2

ラップに並べ、冷凍庫で冷やし固めます。

3

オレンジは皮をむき、房に分け、ミキサーに入れます。

4

バナナ、ヨーグルトを入れます。

5

なめらかになるまでミキサーにかけます。

6　グリーン・ぶどうスムージー

ほうれん草は根元をキッチンばさみで切り、ちぎってミキサーに入れます。

7

⑥にぶどう、バナナ、ヨーグルトを入れます。同じようにぶどうの材料を入れます。

ぶどうスムージー

グリーンスムージー

苦手なほうれん草もこれならおいしいね！

韓国風サラダ

レタスはサクッとちぎりましょう！
きゅうりは回しながら切ります。
かいわれとトマトを入れたら、のりを！
ドレッシングはペットボトルで。

ごま油と韓国のりで韓国風！

さあ、作りましょう！

材料

4人分

[韓国風サラダ]
サニーレタス	1/2個
きゅうり	1本
かいわれ大根	1パック
プチトマト	6個
韓国のり	6枚

[焼き肉]
牛カルビ肉	200g
塩・コショウ	少々
焼き肉のたれ	大さじ3
白ごま	大さじ1/2
サラダ油	小さじ1

用具

キッチンばさみ
計量スプーン
ボウル(大・小)
トング　じょうご
ペットボトル(500ml)
はけ　アルミホイル
オーブントースター

作り方

1

サニーレタスはちぎります。きゅうりはへたをキッチンばさみで取り、乱切りにします。

2

かいわれ大根は根元をキッチンばさみで切り、プチトマトはへたを取ります。

3

ボウル(大)にサニーレタス、きゅうり、かいわれ大根を入れ、合わせます。

4

❸を器に入れ、プチトマトをのせ、韓国のりをちぎってのせます。

5 ドレッシングを作ります

材料

[ドレッシング]
すし酢	大さじ2
ごま油	大さじ4
塩・コショウ	少々

ペットボトルにドレッシングの材料を入れ、ふたを閉め、よく混ざるまでふり、❹にかけます。

6

オーブントースターのお皿にアルミホイルをのせ、サラダ油を薄く塗り、牛肉を並べます。

7 熱いので気をつけて!!

温めたオーブントースターで約3分焼きます。

8

器に入れ、焼き肉のたれ、白ごまをかけます。

電子レンジを使って！

電子レンジでスパゲティだって作れます。
取り出すときには熱いので
気をつけて、作りましょう！
今日の夕飯にどうぞ！

P.22 アクアパッツァ

P.24 ミートソーススパゲティ

玉ねぎをすりおろして、隠し味に！

P.26 茶碗蒸し

電子レンジは時間がポイント！電子レンジによって違うので気をつけて。

★この本では500Wの電子レンジを使用しています。

電子レンジのときは耐熱容器を使おうね！

P.28 レンジ豚もやし

P.30 いか焼き

あったかいうちに食べるのがオススメです。

アクアパッツァ

バジルをちぎるだけ！
あさりとたらとトマトで
おいしいアクアパッツァが
電子レンジで簡単に作れます。

パーティーで作っても
いいですね！

さあ、作りましょう！

材料

2人分

真だら	2切れ	水	大さじ2
塩・コショウ	少々	オリーブ油	大さじ2
あさり(砂抜き)	200g	バジル	適量
プチトマト	8個		

用具

- はかり
- 計量スプーン
- 耐熱の器
- ラップ
- 電子レンジ

作り方

1 たらは塩・コショウします。

2 バジルは手でちぎります。

3 プチトマトはへたを取ります。

4 耐熱の器にたらを並べ、まわりにあさりをのせます。

5 プチトマトをのせます。

6 水、オリーブ油をかけます。

7 ラップをかけます。

8 500Wの電子レンジで約7分温めます。

熱いので気をつけて!!

できあがり！

9 バジルをのせます。

For Kids!! 23

ミートソーススパゲティ

電子レンジだけでできちゃう！
驚きのミートソースです。
ソースが多めも
うれしいポイントです。

ミートソースも
トマト缶を使えば
簡単だね！

さあ、作りましょう！

材料

3人分

[ミートソース]
- 牛ひき肉　200g
- 玉ねぎ　1/4個
- カットトマト缶　1缶
- コンソメ顆粒　大さじ1
- 塩・コショウ　少々
- 砂糖　小さじ1/2
- スパゲティ　200g
- パセリ　少々

用具

- すりおろし器　はかり
- キッチンばさみ
- 計量スプーン　耐熱のボウル
- ボウル(小)　スプーン
- 菜箸　トング　ラップ
- レンジスパゲティ用の耐熱容器
- 電子レンジ

作り方

1 玉ねぎはすりおろします。

2 耐熱のボウルに牛ひき肉、トマト缶、❶を入れ、コンソメ、塩・コショウ、砂糖を入れて混ぜます。

3 ラップをかけ、500Wの電子レンジで約10分温めます。

4 ラップをはずし、混ぜます。（熱いので気をつけて!!）

5 レンジスパゲティ用の耐熱容器に水を入れ、スパゲティを入れます。

6 500Wの電子レンジで8〜10分温め、水をきり、❹に入れます。（熱いので気をつけて!!）

7 混ぜ合わせます。

8 パセリはキッチンばさみで細かく切ります。

9 ❼を器に盛り、❽をのせます。　できあがり！

茶碗蒸し

人気が高い茶碗蒸しも
レンジを使えば簡単!
卵液をざるでこして、
なめらかにするのがポイントです。

ふきこぼれないように
電子レンジ中も
目を離さないように!

● さあ、作りましょう！

材料

4人分
鶏ささみ肉　1本　[卵液]
ゆでえび　4尾　卵　3個
なると　6cm　白だし　大さじ3
三つ葉　適量　水　300ml

用具
キッチンばさみ
ボウル(中)　泡立て器
計量カップ　ざる
菜箸　ラップ
耐熱の器　電子レンジ

作り方

1 鶏肉はキッチンばさみで1cm幅に切ります。

2 なるとは7mm幅に切ります。

3 三つ葉は3cm長さに切ります。

4 ボウルに卵を入れ、泡立て器でほぐし、白だし、水を入れて混ぜます。

5 計量カップにざるをのせ、こします。

6 耐熱の器に鶏肉、ゆでえび、なると、三つ葉を入れ、5を流し入れます。

7 最後に三つ葉の葉をのせます。

熱いので気をつけて!!

8 それぞれラップをかけ、500Wの電子レンジで2個ずつ、約2分半温め、一度取り出して少しおき、さらに約2分温めます。

できあがり！

9

★できあがりは様子を見て、温める時間を調整しましょう。

レンジ豚もやし

もやし、豚、ポン酢
この組み合わせが最高！

ボリュームもあって
夕飯のおかずにぴったり。

さあ、作りましょう！

材料

4人分
- もやし　　　　　1袋
- 豚こま切れ肉　　60g
- パプリカ(赤)　　1/3個
- 万能ねぎ　　　　適量
- ポン酢　　　　　適量

用具
- キッチンばさみ
- ボウル(大)
- 菜箸　はかり
- ラップ
- 電子レンジ

作り方

1 万能ねぎはキッチンばさみで5mm幅に切ります。

2 パプリカは細く切ります。

3 ボウルにもやし、❷を入れ、合わせます。

4 器に❸を入れます。

5 豚肉を広げてのせます。

6 ラップをかけ、500Wの電子レンジで約3分半、温めます。

熱いので気をつけて!!

7 ポン酢をかけます。

8 万能ねぎをのせます。

できあがり！

ポン酢は中華ドレッシングでもおいしいよ！

いか焼き

電子レンジでいか焼きが！
ラップの上に薄く広げて
レンジでチン！
熱々を食べましょう！

ふんわりしていて
いかがおいしいね！

◉ さあ、作りましょう！

材料

4人分

するめいか(胴)	1/2杯
万能ねぎ	1/3束
中濃ソース	適量

[生地]

薄力粉	100g
卵	1個
水	80ml
白だし	大さじ1

用具

- キッチンばさみ
- ボウル(中)　はかり
- 計量カップ　計量スプーン
- 泡立て器　菜箸　おたま
- フライ返し　はけ　耐熱皿
- ラップ　電子レンジ

作り方

1

万能ねぎはキッチンばさみで1cm幅に切ります。

2

いかは1cm角に切ります。

3

ボウルに卵を入れ、泡立て器でほぐし、白だし、水を入れて混ぜます。

4

薄力粉を入れて混ぜます。

5

❶、❷を入れて混ぜます。

6

耐熱皿にラップをピンと張ってかけ、❺を薄く丸くのばします。

7

熱いので気をつけて!!

500Wの電子レンジで1枚につき、約1分半から2分温めます。

8

裏返します。

9

できあがり！

ソースを塗り、半分に折ります。

炊飯器を使って！

ご飯はもちろん、パンまで！
材料を入れてふたをしたら
それだけで、できあがり！
簡単な炊飯器クッキングです。

P.34 ドレッシングご飯

ふたをあけるときは
気をつけてね。

P.36 ベーコンチーズのちぎりパン

P.38 肉団子ポトフ

じっくり煮込むので味がしみておいしくなります。

炊飯器で作ったの!というのもポイントの1つです。

P.40 炊飯器餅

今日のごはんは任せて!

ドレッシングご飯

ドレッシングを入れて炊くだけで、
ピラフ風炊き込みご飯が！
和風ドレッシングには
しめじとシーチキンがぴったりです。

炊飯器の水加減を
間違えないようにね！

さあ、作りましょう！

材料

4人分
米	3合
ツナ(缶)	1缶
しめじ	1パック
和風ドレッシング	100ml
水	適量
かいわれ大根	1/3パック

用具
- キッチンばさみ
- 計量カップ
- しゃもじ
- 炊飯器

下準備
ツナは油をきります。

作り方

1

しめじはキッチンばさみで石づきを取ります。

2

小房に分けます。

3

米は洗って炊飯器に入れ、ドレッシングを入れます。

4

普通の水加減の目盛りに合わせて水を入れます。

5

しめじを入れます。

6

ツナを入れます。

7

炊飯器の白米の普通炊きスイッチを入れて炊きます。

8 熱いので気をつけて!!

炊きあがったら、しゃもじで混ぜます。

9 できあがり！

器に盛り、かいわれ大根をのせます。

ベーコンチーズのちぎりパン

炊飯器で、人気のちぎりパンができます。
生地を作ったら8等分してのばして
ベーコンとチーズをのせて
くるくる丸めて並べるだけ！

炊飯器の保温で発酵ができるのがいいですね！

さあ、作りましょう！

材料

1台分

[粉類]
- 強力粉　　　300g
- ドライイースト　5g
- 砂糖　　　　30g
- 塩　　　　　5g

- 卵　　　　　　　　1個
- 牛乳　　　　　　150ml
- 無塩バター　　　　20g
- ベーコン(ハーフタイプ)　8枚
- スライスチーズ　　4枚

用具

- キッチンばさみ
- はかり　計量カップ
- 耐熱のボウル　菜箸
- ボウル(大・中)
- へら　炊飯器

下準備　炊飯器にバター(分量外)を薄く塗ります。
スライスチーズはキッチンばさみで半分に切ります。
耐熱のボウルに牛乳を入れ、電子レンジで約40秒温めます。

作り方

1

ボウル(中)に卵を入れてほぐし、温めた牛乳を入れて混ぜます。ボウル(大)に粉類を入れて混ぜます。

2

粉類に❶の卵と牛乳を少しずつ入れ、へらでひとまとまりになるまで混ぜ、バターをちぎって入れて混ぜます。

3

手で少しこね、炊飯器に入れ、保温で約15分、スイッチを切ってさらに約30分、生地が2倍くらいになるまでおきます。

4

8等分にして丸め、約10分おきます。

5

❹を手で楕円にのばし、ベーコン、スライスチーズをのせて巻きます。炊飯器に巻いた端を少し開くようにして並べます。

6

ふたをし、保温にして約15分、保温のスイッチを切ってそのまま約20分おきます。

7

炊飯器の白米の普通炊きスイッチを入れます。

8　熱いので気をつけて!!

スイッチが切れたら❼をお皿に返し、炊飯器に戻します。

9　できあがり！

もう一度、スイッチを入れます。スイッチが切れたら、できあがり。

肉団子ポトフ

肉団子はしっかりこねて
少しだけレンジで温めます。
野菜とスープと一緒に入れて炊飯します。
カレー味のポトフです。

じゃがいもが好きなら増やしてもいいかも！

さあ、作りましょう！

材料

4人分

[ミートボール]
合いびき肉	300g
玉ねぎ	1/4個
パン粉	大さじ4
牛乳	大さじ3
卵	1/2個
塩・コショウ、ナツメグ	各少々

ペコロス	8個
ミニキャロット	8本
じゃがいも(小)	2個
水	600ml
コンソメ顆粒	大さじ1
カレー粉	大さじ1/2
塩・コショウ	少々

用具

はかり　計量カップ
計量スプーン　ピーラー
すりおろし器
キッチンばさみ
ボウル(中・小)
へら　スプーン　トング
耐熱皿　ラップ　炊飯器
電子レンジ

作り方

1 じゃがいもはピーラーで皮をむき、水にさらします。

2 ペコロスはキッチンばさみで根元を切り、皮をむきます。

3 玉ねぎはすりおろします。

4 パン粉に牛乳を入れて合わせます。

5 ボウル(中)に合いびき肉、3、4、卵、ミートボールの調味料類を入れ、へらでよく混ぜます。

6 5を丸めて、耐熱皿に並べ、ラップをかけ、500Wの電子レンジで5〜6分温めます。

7 炊飯器に水、コンソメ、カレー粉、塩・コショウを入れて混ぜます。

8 野菜を入れ、6を入れます。

9 炊飯器の白米の普通炊きスイッチを入れます。スイッチが切れたら、できあがり。

炊飯器餅

炊飯器でお餅が作れます。
餅米を炊いたら、
そのまま麺棒でつきます。
できたら、好きなものをつけて食べましょう！

つきたてのお餅はおいしいね！

きな粉餅
のり餅
あんころ餅
納豆餅

さあ、作りましょう！

材料

4人分

餅米	3合	[トッピング]
水	540ml	• きな粉　大さじ3
片栗粉	適量	グラニュー糖　大さじ1 1/2
		• ゆであずき　大さじ6
		• しょうゆ　大さじ3
		焼きのり　1枚
		• ひきわり納豆　1パック
		しょうゆ　小さじ1

用具

- キッチンばさみ
- 計量カップ
- 計量スプーン
- ざる　麺棒
- しゃもじ　スプーン
- 菜箸　ボウル(小)
- 炊飯器

下準備　餅米は洗い、ざるにあげ、水をきります。

作り方

1

炊飯器に餅米を入れ、水を入れ、炊飯器の白米の普通炊きスイッチを入れます。

2

炊きあがったら、しゃもじで混ぜます。
熱いので気をつけて!!

3

麺棒に水をつけながら、ねばりが出るまでつきます。
熱いので気をつけて!!

4

つきあがりです。

5

スプーンですくい、手に水をつけて丸めます。

6

片栗粉をまぶします。

7

きな粉にグラニュー糖を入れ、合わせます。焼きのりはキッチンばさみで縦に4等分に切ります。

8

お餅にしょうゆをつけ、焼きのりを巻きます。

9

お餅にぬるま湯(分量外)をつけ、**7**のきな粉をつけます。

For Kids!! 41

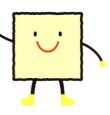

オーブンやオーブントースターの中に
入れて焼けるので便利！
焼き色がつくだけでおいしそう！
気をつけて、作りましょう！

P.44 ポテトコロッケ

P.46 パンキッシュ

出し入れは熱いので
気をつけて！

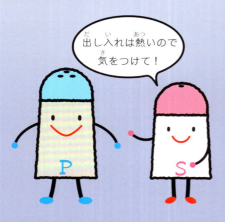

P.48 魚のホイル焼き

オーブントースターは入れたら、目を離さないで！

P.50 えびフライ

焦げないように、アルミホイルをかけて調整しましょう。

P.52 焼き春巻き

揚げてないのに揚げ物みたい！

ポテトコロッケ

チーズが入ったポテトコロッケです。
オーブントースターで焼いたとは思えない
サクサクコロッケです。
転がしながら焼きましょう。

かわいいピックで
パーティーにも！

真ん中にチーズが入っています。

さあ、作りましょう！

材料

4人分

[マッシュポテト]
- じゃがいも　3個
- ひとくちチーズ　8個
- バター　大さじ1
- 牛乳　大さじ3
- 塩・コショウ　少々
- 薄力粉　大さじ6
- 卵　1個
- パン粉　適量
- サラダ油　大さじ2

用具

- ピーラー　ラップ
- 計量スプーン
- ボウル(中)　スプーン
- 菜箸　アルミホイル
- 電子レンジ
- オーブントースター

作り方

1

じゃがいもは皮をむきます。

2

ラップで包み、500Wの電子レンジで1個約3分半温めます。

3

ボウルに入れ、スプーンでつぶします。

4

バター、牛乳、塩・コショウを入れて混ぜます。

5

4を8等分にし、チーズを真ん中にのせ、包んで丸めます。

6

薄力粉、卵、パン粉の順につけます。

7

オーブントースターのお皿にアルミホイルをのせ、6をのせ、サラダ油をかけます。

8 熱いので気をつけて!!

温めたオーブントースターで焼き色がつくまで、ころがしながら焼きます。

9 できあがり!

パンキッシュ

朝ごはんやランチにぴったり！
ふんわりとした卵が
おいしいキッシュです。
チーズとの組み合わせも最高です！

フランスパンでも
おいしいです！

さあ、作りましょう！

材料

2人分

食パン	1枚
冷凍ミックスベジタブル	大さじ4
溶けるチーズ	適量

[卵液]
卵	2個
生クリーム	150ml
塩・コショウ	少々

用具
- ボウル(中)
- 泡立て器
- 計量カップ
- 耐熱の器
- アルミホイル
- オーブントースター

下準備 ミックスベジタブルは室温で解凍します。

作り方

1 ボウルに卵を入れ、泡立て器でほぐします。

2 生クリームを少しずつ入れて混ぜます。

3 塩・コショウを入れて混ぜます。

4 耐熱の器に食パンを食べやすい大きさにちぎって入れます。

5 ミックスベジタブルを入れます。

6 ③を流し入れます。

7 溶けるチーズをのせます。

8 熱いので気をつけて!!
温めたオーブントースターで約5分焼きます。

9 熱いので気をつけて!!
アルミホイルをかぶせてさらに約7分焼きます。

For Kids!! 47

魚のホイル焼き

ベーコンを下に敷くこと、
マヨネーズをサーモンに塗ること、
トマトをのせること、
この3つがおいしさの秘密です。

好きな野菜を入れてもいいかも！

さあ、作りましょう！

材料

4人分

生鮭	2切れ	しめじ	1/2パック
塩・コショウ	少々	グリーンアスパラ	2本
マヨネーズ	大さじ2	プチトマト	4個
ベーコン（ハーフタイプ）	4枚		

用具

- 計量スプーン
- キッチンばさみ
- スプーン
- アルミホイル
- オーブントースター

作り方

1

しめじはキッチンばさみで石づきを切り、小房に分けます。

2

アスパラはキッチンばさみで半分に切ります。

3

プチトマトはへたを取ります。

4

アルミホイルを30cm長さに切り、ベーコンをのせます。

5

生鮭をのせ、塩・コショウし、マヨネーズを塗ります。

6

しめじ、アスパラ、プチトマトをのせます。

7

アルミホイルの手前と向こう側を合わせ、合わせ目を1cmくらい折り、もう一度折ります。

8

両側を巻くように折ります。

9

温めたオーブントースターで約10分焼きます。

★熱いので気をつけて!!

★ポン酢を添えます。

えびフライ

油(あぶら)で揚(あ)げなくても
サクサクのえびフライができます。
えびにマヨネーズを塗(ぬ)って
パン粉(こ)をつけるだけで簡単(かんたん)です！

マヨネーズ味(あじ)も
おいしい理由(りゆう)です。

さあ、作りましょう！

材料

4人分

[えびフライ]
- えび　　　　8尾
- 塩・コショウ　少々
- マヨネーズ　大さじ4
- パン粉　　　適量
- レタス　　　適量

[パプリカサラダ]
- パプリカ
  (赤・黄・オレンジ)　各1/2個
- パセリ　　　　少々
- フレンチドレッシング　大さじ3

用具
- スプーン
- 計量スプーン
- アルミホイル
- オーブントースター
- つまようじ
- キッチンばさみ
- ボウル(中)　菜箸

作り方

1 えびは殻を取ります。つまようじで背わたを取ります。

2 塩・コショウします。

3 マヨネーズをつけます。

4 パン粉をつけます。

5 オーブントースターのお皿にアルミホイルをのせ、❹をのせます。

6 温めたオーブントースターで約5分焼きます。

できあがり！
熱いので気をつけて!!

7 パプリカはキッチンばさみで1.5cm角に切ります。

8 パセリは細かく切ります。

9 ❼、❽をボウルに入れ、フレンチドレッシングを入れて混ぜます。

焼き春巻き

春巻きの皮にハムとチーズをのせて

アスパラをのせたら
その長さに巻くのがポイント！
油を塗って焼きましょう。

切って食べてもいいですね。

さあ、作りましょう！

材料

4人分
- ハム、スライスチーズ　各4枚
- グリーンアスパラ　4本
- 春巻きの皮　4枚
- サラダ油　大さじ1

用具
- はけ　ラップ
- トング
- 電子レンジ
- オーブントースター
- アルミホイル

中身を工夫してもいいですね。

作り方

1
アスパラはラップで包み、500Wの電子レンジで約40秒温めます。

2
春巻きの皮にハムをのせます。

3
スライスチーズをのせます。

4
アスパラをのせます。

5
手前から巻き、両端を折って巻きます。

6
巻き終わりを下にし、はけでサラダ油を全体に塗ります。

7
オーブントースターのお皿にアルミホイルをのせ、❻をのせます。

8
熱いので気をつけて!!
温めたオーブントースターで焼き、途中、焼き色がついてきたところにアルミホイルをかぶせます。

9
熱いので気をつけて!!
全体に焼き色がつくまで焼きます。

包丁を使わないで作るスイーツ

包丁を使わなくても
あったかいもの冷たいもの
いろいろなタイプのデザートができます。
お友だちと作ってもいいですね。

P.56 チョコパイタワー

P.58 里いもアイス

好きな形で作っても！

パティシエになったつもりで、きれいに作りましょう！

P.60 カステラロリーポップ

P.62 カラフルゼリー

好きなフルーツを入れても！

パーティーしましょう！！

スイーツとお料理を組み合わせてパーティーしましょう。

P.22 アクアパッツァ

P.12 ひらひらサラダ

P.52 焼き春巻き

P.44 ポテトコロッケ

＋スイーツ！

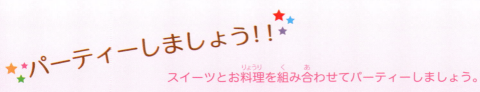

他にもいろいろな組み合わせで
パーティーしましょう！

For Kids!! 55

チョコパイタワー

冷凍のパイシートを使えばパイは簡単！
型に抜いて、焼いたら
溶かしたチョコをつけて、
ホイップクリームで重ねましょう！

いちごといっしょに食べましょう。

さあ、作りましょう！

材料

1台分
- パイシート　　　　2枚
- スイートチョコレート　50g
- ホイップクリーム　1本
- いちご　　　　　　8個
- アラザン　　　　　適量

用具

- 麺棒　星型(大・中・小)
- ボウル(中・小)　フォーク
- スプーン　クッキングシート
- オーブン　はかり

下準備　パイシートは冷凍庫から出し、角が持ちあがるまで解凍します。

作り方

1

パイシートは麺棒で1.2倍くらいになるまでのばします。

2

全体にフォークで穴をあけます。

3

大・中・小の星型で抜きます。

4

クッキングシートを敷いた天板に並べます。

5

200℃に温めたオーブンで約10分焼きます。

熱いので気をつけて!!

6

ボウル(小)にお湯を入れ、その上にチョコレートのボウル(中)をのせて溶かし、冷めた❺に塗り、そのままおいて固めます。

7

❻をお皿に置き、ホイップクリームをしぼり、パイを重ねます。

8

繰り返して重ねます。

9

まわりにホイップクリームをしぼり、いちご、アラザンをのせます。

里いもアイス

里いものネバネバが

ジェラートのようなアイスに！
とても里いもとは思えない
驚きのスイーツです。

◎ さあ、作りましょう！

材料

4人分

里いも	400g
グラニュー糖	50g
生クリーム	200ml
コーンフレーク	適量
カラースプレー	少々

用具

- ラップ
- ボウル(中)
- スプーン
- はかり
- 計量カップ
- 電子レンジ

作り方

熱いので気をつけて!!

1 里いもはラップで包み、500Wの電子レンジで1個約3分半温めます。

2 皮をむきます。

3 ボウルに入れ、スプーンでつぶします。

4 グラニュー糖を入れて混ぜ、生クリームを少しずつ入れて混ぜます。

5 ねばりが出てくるまで混ぜ、冷凍庫で約1時間冷やします。

6 1時間冷やしては混ぜる、を3回繰り返します。

7 器にコーンフレークを入れます。

8 ❻をのせます。

できあがり！

9 カラースプレーをのせます。

For Kids!! 59

カステラロリーポップ

ロリーポップが簡単に作れます。

カステラをちぎって
生クリームと混ぜてボールに！
溶かしたチョコをつけたらトッピング！

さあ、作りましょう！

材料

8本分
- カステラ　　　　　　　4切れ
- 生クリーム　　　　　　大さじ1
- スイートチョコレート　80g
- ホワイトチョコレート　80g
- アラザン、カラースプレー、
  トッピングシュガー　各適量

用具
- ボウル(中・小)　計量スプーン
- はかり　スプーン
- ロリーポップ用スティック
- 牛乳パック

下準備
牛乳パックにロリーポップを立てる穴をあけます。

作り方

1 ボウル(中)にカステラをちぎって入れます。

2 生クリームを入れます。

3 手でつぶすように混ぜます。

4 8等分にし、丸めます。

5 スティックにさします。

6 ボウル(小)にお湯を入れ、その上にチョコレートを入れたボウル(中)をのせて、溶かします。

7 ❺にチョコレートをつけます。

8 トッピングをつけ、牛乳パックにさして立て、そのままおいてチョコレートを固めます。

できあがり！

トッピングはチョコが乾かないうちにね。

カラフルゼリー

ゼリー液(えき)は電子(でんし)レンジでチンするだけ。
あとは混(ま)ぜたり、冷(ひ)やしたり！
フルーツを入(い)れながら
色(いろ)は好(す)きにコーディネートしましょう。

好(す)きなフルーツを入(い)れても！

さあ、作りましょう！

材料

3個分

粉ゼラチン	10g	パイン(缶)	1枚
水	大さじ4	黄桃(缶)	1個
グラニュー糖	45g	チェリー(缶)	6個
水	450ml		
色粉(赤・黄・緑)	各少々		

用具

キッチンばさみ
はかり　計量スプーン
計量カップ　スプーン
つまようじ　ボウル(小)
耐熱のボウル　プラカップ
電子レンジ

作り方

1

パイン、黄桃はキッチンばさみで食べやすい大きさに切ります。

2

ボウルに水大さじ4を入れ、ゼラチンを入れて少しおき、ふやかします。

3

耐熱のボウルに水を入れ、グラニュー糖を入れます。

4

500Wの電子レンジで約1分半温め、❷を入れて溶かします。

5

色粉にほんの少しの水(分量外)を入れ、つまようじで混ぜます。

6

❹を3つに分け、それぞれ色粉を入れて色をつけます。

7

カップに❻を流し入れ、冷蔵庫で冷やし固めます。

8

❼が固まったら、フルーツを入れます。

9

色違いの❻を流し入れ、冷蔵庫で冷やし固めます。

できあがり！

For Kids!! 63

著者プロフィール

寺西 恵里子 てらにし えりこ

(株)サンリオに勤務し、子ども向けの商品の企画デザインを担当。退社後も"HAPPINESS FOR KIDS"をテーマに手芸、料理、工作を中心に手作りのある生活を幅広くプロデュース。その創作活動の場は、実用書、女性誌、子ども雑誌、テレビと多方面に広がり、手作りを提案する著作物は550冊を超え、ギネス申請中。

寺西恵里子の本

『子どもの手芸 かわいいラブあみ』『かぎ針で編む 猫のあみぐるみ』(小社刊)
『楽しいハロウィン コスチューム＆グッズ』(辰巳出版)
『0・1・2歳のあそびと環境』(フレーベル館)
『365日子どもが夢中になるあそび』(祥伝社)
『3歳からのお手伝い』(河出書房新社)
『猫モチーフのかわいいアクセサリーとこもの』(ブティック社)
『きれい色糸のかぎ針あみモチーフ小物』(主婦の友社)
『はじめての編み物 全4巻』(汐文社)
『30分でできる! かわいい うで編み＆ゆび編み』(PHP研究所)
『チラシで作るバスケット』(NHK出版)
『かんたん手芸5 毛糸で作ろう』(小峰書店)
『リラックマのあみぐるみ with サンエックスの人気キャラ』(主婦と生活社)
『ハンドメイドレクで元気! 手づくり雑貨』(朝日新聞出版)

撮影	奥谷仁
デザイン	ネクサスデザイン
作品制作	並木明子　野沢実千代
校閲	校正舎楷の木
企画・進行	鏑木香緒里

ひとりでできる！ For Kids!! うれしいお料理デビュー！
包丁を使わないで作るごはん

2017年2月10日 初版第1刷発行
2019年8月20日 初版第3刷発行

著者 ● 寺西 恵里子
発行者 ● 穂谷 竹俊
発行所 ● 株式会社 日東書院 本社

〒160-0022　東京都新宿区新宿2丁目15番14号 辰巳ビル
TEL ● 03-5360-7522（代表）FAX ● 03-5360-8951（販売部）
振替 ● 00180-0-705733　URL ● http://www.TG-NET.co.jp

印刷 ● 大日本印刷株式会社　製本 ● 株式会社セイコーバインダリー

本書の無断複写複製（コピー）は、著作権法上での例外を除き、著作者、出版社の権利侵害となります。
乱丁・落丁はお取り替えいたします。小社販売部までご連絡ください。

© Eriko Teranishi 2017, Printed in Japan　ISBN 978-4-528-02087-0　C2077